conversas que não tive com a minha mãe

Felipe Brandão

oficina raquel

Editores
Raquel Menezes e Jorge Marques

Assistente editorial
Phillippe Valentim

Capa
Foresti Design e Camila Teresa

Projeto gráfico e diagramação
Camila Teresa e Letícia Yoshitake

Ilustrações
Elivelton Reichert

Dados internacionais de catalogação na publicação (CIP)

B817c Brandão, Felipe
Conversas que não tive com a minha mãe / Felipe Brandão.
- Rio de Janeiro : Oficina Raquel, 2023.
96p. : il. ; 18cm.

ISBN 978-85-9500-084-1

1. Brandão, Felipe 2. Memórias 3. Relações familiares I. Título

CDU 82-94

Bibliotecária: Ana Paula Oliveira Jacques / CRB- / 6963

dedico este livro ao meu irmão Ricardo e ao meu pai Fernando, que compartilharam comigo a mesma dor, e, assim como eu, conseguiram seguir em frente. cada um a sua maneira.

se a voz da noite responder

onde estou eu, onde está você

estamos cá dentro de nós sós

onde estará o meu amor?

música de Chico César,
na voz de Bethânia

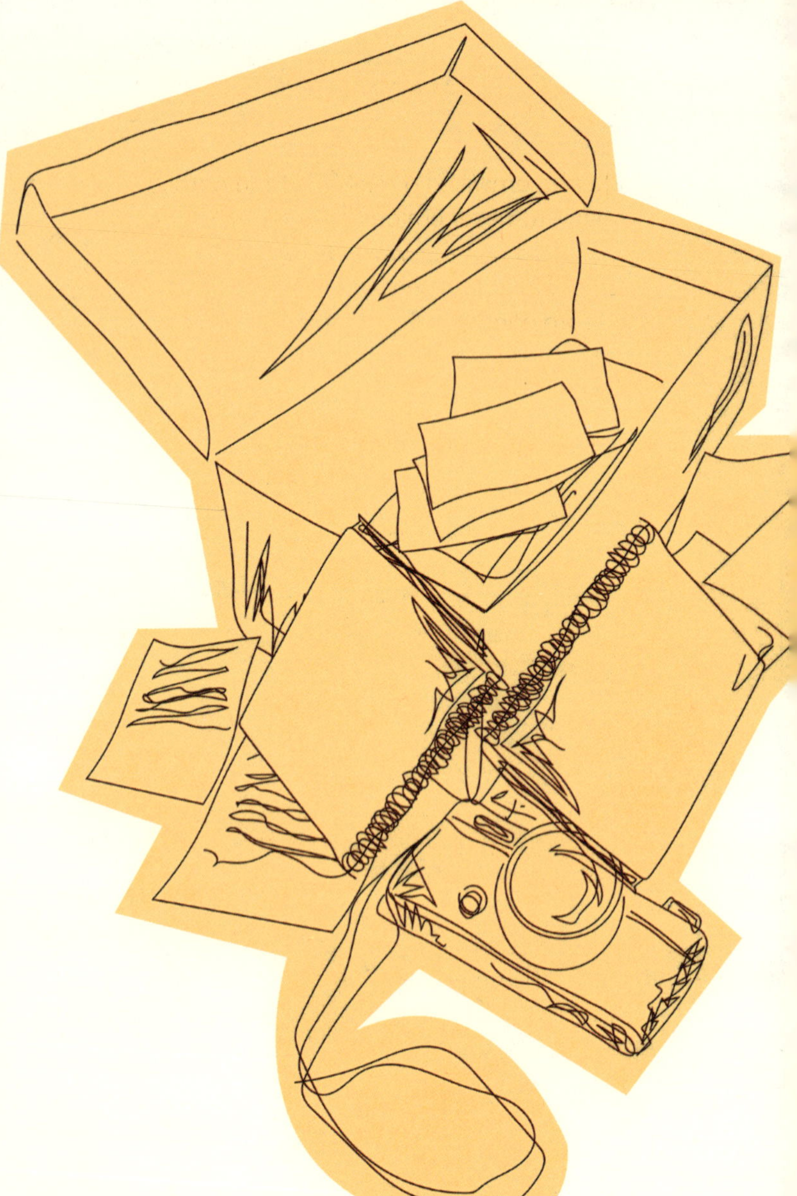

um dia, em visita a minha cidade natal, resolvi remexer em caixas antigas daquelas em que a gente guarda de tudo, sabe? bem no fundo de uma caixa velha de sapato encontrei um caderno que usei durante anos como rascunho para pensamentos, ideias, desassossego e esperança. uma espécie de mergulho na dor de ainda cedo ter vivido tanto: a morte da mãe, as bebedeiras do pai e a vida tão pesada sobre os ombros. foi também lá que confessei o que tinha tanto medo de dizer em voz alta, o medo de ser quem eu sou. este pequeno livro tem muito das palavras daquele garoto que, em meio a tantas dificuldades, encontrava um jeito de sonhar. são trechos de poesias, minicrônicas, pensamentos soltos, que aos poucos vão se conectando como uma constelação de estrelas. você pode ler na sequência, ou abrir aleatoriamente. o sentido está em você! e espero, ainda que soe pretensioso, que este livro possa trazer-lhe um pouquinho de esperança e uma vontade doida de viver cada vez mais a sua vida.

nota

enquanto preparava a última revisão deste livro, recebi a notícia de que meu pai havia sido internado às pressas, entubado, e, com o triste diagnóstico de poucos dias de vida. o médico chamou a família dizendo que era o momento de se despedir, que só um milagre poderia salvá-lo. eu, que nunca acreditei em milagres, mesmo tendo já vivenciado alguns, sentia que ele não sairia dessa. é estranho pensar que, em seus últimos dias, eu estava finalizando este apanhado de memórias sobre a morte da minha mãe. os dias que se estenderam foram de angústia e tristeza. nossa relação nunca foi das melhores, mas de um tempo pra cá, senti que precisava dar o primeiro passo. e, mesmo não acreditando em milagres, sei que é preciso de um pequeno passo para que eles aconteçam. papai bebia tanto, mas um tanto, que era impossível qualquer relação de afeto. só quem conviveu de perto com o alcoolismo e suas nuances sabe o quanto é difícil. palavras duras, tapas, chutes eram parte da rotina daquela casa de barro, tijolinhos e silêncio. naquela época, eu só pensava em fugir, passar em algum concurso público, ir embora para outro país, trabalhar em sp. correr tanto para que aquela minha vida nunca mais me alcançasse. e consegui, mesmo deixando parte de mim ali naquelas paredes desgastadas pelo tempo. quando tudo foi se acalmando, os anos encaixando o que dava em algum lugar, voltei com a sensação de que deveria retomar parte daquilo que nunca existiu (ou será que sempre existiu?). papai já não bebia, mas a bebida tinha deixado sua força sob ele. a primeira coisa que pensei foi em ressignificar as paredes daquela casa, deixá-las com cor, vida. mais confortável para ele, ao mesmo tempo, que confortável pra mim. consegui fazer em tempo, tempo de vê-lo um pouco feliz. e, aquele milagre que eu tanto me recusava a ver, estava escancarado o tempo todo bem diante dos meus olhos. meu pai partiu na véspera de natal, dizem que estava sereno, com o rosto de quem estava em paz. optei por não o ver no caixão, pois a imagem dele entubado tinha reverberado noites e mais noites em minha cabeça. gosto de pensar que fiz o que pude, dentro do que era possível na nossa história. e que pequenos milagres acontecem sim, o tempo todo. eu, que ingenuamente, achava que estava salvando meu pai de alguma forma, dando uma vida melhor para ele nesses últimos anos, estava na verdade, me salvando... que bom que deu tempo!

e, mesmo não
acreditando em
milagres, sei que
é preciso de um
pequeno passo
para que eles
aconteçam.

sua mãe morreu!

foi exatamente assim, como um soco no estômago, sem rodeios e sem firulas, que um amigo, com a impulsividade dos seus cinco anos, anunciou a morte da minha mãe do alto de uma escada.

morávamos no interior de sp, ao lado de uma igreja evangélica que frequentávamos e conhecíamos todos. tínhamos o curioso hábito de contar histórias a partir de fragmentos do que ouvíamos através do muro. meu amigo subia na escada enquanto eu vigiava para ver se nenhum adulto aparecia de surpresa. lá de cima ele contava o que ouvia e inventávamos possíveis finais para cada história. coisas de criança do interior, com mente fértil e muito tempo livre. e foi lá de cima que ele soltou a sonora frase que perfurou para sempre o meu coração:

eu acho que a sua mãe morreu.

descemos rapidamente e prometemos não chorar até que algum adulto viesse para nos confirmar o que havia acontecido. não nos cabiam as palavras. ficamos em absoluto silêncio até que a mãe do meu amigo veio me procurar, dizendo que tinha algo importante a dizer. e sempre que um adulto diz que tem algo importante a dizer, já se sabe que não é coisa boa, como dizemos no interior. desde esse dia foram fragmentos, flashes, clarões que vêm e vão, como se de alguma forma eu não quisesse recordar da minha mãe.

lembro do papai abatido, preparando a sala de casa para receber o velório. naquela época, era comum no interior que o corpo fosse velado na própria casa do falecido. cantorias, café com bolo e a palavra do pastor. uma cena nunca saiu da minha cabeça: meu irmão subindo a rua íngreme de casa, vindo de um retiro da igreja, para me encontrar. ele estava numa espécie de acampamento juvenil, também comum nas igrejas evangélicas, e foi avisado da morte da mãe. não disse uma palavra. chegou e me abraçou. só consigo pensar na sorte que tive em ter o meu irmão por perto. também lembro de ter pedido a deus, sentado na calçada de casa, com tanto medo de sofrer, que a esquecesse para sempre. fomos criados para termos medo da morte, não é mesmo? poderia ser diferente, como naqueles filmes da sessão da tarde em que cada um discursa com afeto e gratidão pelo ente querido que partiu. mas quem poderia julgar um garotinho que acabava de perder quem mais amava? o que sei é que desde então não lembrava mais de nada. de nenhum momento nosso, nenhuma cantiga, nem mesmo do seu rosto.

com o tempo, o silêncio foi tomando conta daquela casa de barro, com piso avermelhado, que eu tanto odiava. papai bebia cada vez mais e escondeu todas as fotos dela. meu irmão virou pai e mãe aos 16 anos. não tínhamos mais tempo para ser crianças, tínhamos que sobreviver. a vida foi mudando depressa, mas que bom que estávamos sempre juntos.

precisei te esquecer,

pra seguir em frente,

mas só consegui

seguir em frente.

dia desses, na fila do mercado, ouvi uma mulher gritando sem parar: áurea? áurea? áurea? levei um baita susto. me virei depressa, tentando te encontrar. tentando te reconhecer entre tantos os rostos da fila. fui caminhando pelos corredores com um olhar atento. seria capaz de te reconhecer em algum sorriso, gesto ou movimento?

segui a voz que continuava chamando.

eu também estava.

sempre estive...

a professora, sem saber que seu nome já não saía de mim, pediu para que a gente pesquisasse sobre o nome de alguém da nossa família. escolhi o seu. ou ele me escolheu? fui descobrindo curiosidades e fiquei imaginando chegando em casa pra te contar. você ficaria surpresa com o tamanho das descobertas e daria aquele sorriso tímido, de quando falam bem da gente.

áurea, do latim aurum. coisa feita de ouro. substantivo feminino. dourada, que brilha e resplandece. magnífica, valiosa, brilhante. lei áurea, 13 de maio de 1888, que "extinguiu a escravatura no brasil. áurea mediocritas, expressão latina, do filósofo horácio, onde aponta que a verdadeira felicidade está no contentamento. proporção áurea, um valor matemático relacionado com a sequência de fibonacci, onde a divisão de um determinado número pelo que lhe é imediatamente anterior dá origem a um número conhecido como número de ouro. a proporção áurea, a lógica matemática por trás da perfeição da natureza. a razão áurea, entre a altura total e a altura até o umbigo. áurea, você, minha mãe.

eu te procurei em tantos lugares, em tantos rostos, tantas estrelas, que até perdi a conta. era difícil me sentir sozinho naquelas manhãs frias em que papai chegava em casa embriagado. a geladeira sempre vazia e aquele medo absurdo da vida ser somente aquilo. você me ensinou a ver o lado bom das coisas, mas naqueles dias eu mal conseguia me olhar no espelho. tinha tanto medo.

do dinheiro faltar. do mundo lá fora. de quem eu era. encolhido na cama, como se quisesse voltar pro seu ventre, consegui ver da janela as nuvens no céu. imaginava figuras para enganar meus pensamentos, a minha fome, o medo que eu sentia. você me disse uma vez que em momentos difíceis era para fixar os olhos em algo bonito. eu ainda faço isso, toda vez que a vida fica difícil.

você se foi sem dizer adeus

saiu dizendo que voltava

que faria o café

desde então não paro de ferver a água

sinto seu cheiro

enquanto a água quente se transforma

e a cada dia que passa

me sinto tão distante de ti.

mãe, esses dias me peguei olhando para o céu cheinho de estrelas. estava sentado na praia e conseguia sentir aquela brisa que tanto amo. lembra quando eu brincava de esconder meu corpo miudinho debaixo da areia? você fingia não me encont~~rar e~~ eu ria de contorcer a barriga. gostava tanto das nossas idas para o litoral. daquela bagunça, do som alto no carro. você sempre cantando. você amava cantar "tocando em frente". me dizia que era preciso sempre continuar, não importava a situação. deve ser por isso que coloco o disco da Bethânia toda vez que estou triste ou cansado. Isso porque sempre confundi cansaço com tristeza. mas naquele dia, enquanto olhava para o céu, fiquei imaginando que os átomos que fazem parte do nosso corpo já foram um tanto de coisas: pedra, cachorro, dinossauro, supernovas, estrelas. será que agora você é aquela estrela que me encara tanto? isso tudo faz de nós seres tão insignificante, né? mais do mesmo em um universo cheio de possibilidades. mas também nos faz únicos. essa poeira de estrelas poderia ter dado origem a qualquer outra coisa. em qualquer outro canto do universo. mesmo assim, ela acabou nos juntando em um mesmo tempo, em uma mesma casa. numa mesma história.

gosto de imaginar que você seria
sempre aquela que me entenderia,
sem julgamento e sem culpa. naquele
entardecer de domingo em que a gente
quase perde a esperança, você estaria
ali. talvez ouvíssemos um daqueles discos
antigos que você tanto amava. um vinho
branco para brindar a nova semana.
poderíamos nos sentar na varanda, com
nossas plantinhas sedentas por água.
lembro que você amava cuidar do jardim
e saía com o esguicho atrás de mim e
do meu irmão fazendo um som estranho.
acho que você tentava imitar algum bicho
ou monstro, sei lá. eu não tinha medo,
mas fingia ter. você dava uma risada
tão solta quando conseguia nos molhar.
a felicidade está mesmo nos detalhes.
quase sempre a gente só percebe quando
tudo é saudade.

a morte de uma mãe é algo tão forte que a ausência se torna uma presença e a saudade nos faz companhia.

- não paro de pensar nisso.

não tenho certeza se um dia vamos nos reencontrar

mas toda vez que penso em você

me vejo correndo em sua direção

num campo de girassóis

você amava girassóis

dizia que eles sempre buscam a luz

mesmo em dias nublados

dizia que tínhamos que nos inspirar

na força das pétalas amarelas

o que você não disse

é que até os girassóis

em alguns momentos

se viram para o oriente

e desistem de tudo

até morrer

ao longo desses trinta e poucos anos,
eu morri e renasci algumas vezes.
morri quando te vi partir cedo demais.
quando me vi sozinho em um mar de
preocupações. quando faltava tudo:
dinheiro, feijão, sabonete, afeto, amor-próprio. quando perdi meu emprego.
quando mudei de país. mas em todos
esses momentos eu renasci. transformei
aos trancos: a dor em força; o medo em
esperança; a tristeza em coragem; é difícil
sair do buraco existencial. a gente torce por
ajuda. espera que alguém atire uma corda.
uma escada. ou uma luz. e, esquece, que o
primeiro movimento é nosso. sempre nosso.
se não a gente não enxerga a ajuda. nem a
corda. nem a escada. muito menos a luz.

você me ensinou de tudo.

menos a viver sem o seu abraço.

às vezes sinto um cheiro de café
fresquinho vindo da cozinha

me levanto bruscamente

na esperança de te encontrar

o cheiro que invade minhas narinas

parecem me enganar

atravesso a porta

e você não está

mesmo que eu queira

nunca mais irá voltar.

herdei seus olhos distantes e o sorriso tímido como se tivesse medo de tudo. você prometeu que tudo ficaria bem, ao mesmo tempo em que dizia adeus. "isso vai te fazer homem grande", disse sorrindo. desde então tento recordar seu rosto. me esforço e nada vem. todas as lembranças são palavras soltas que parecem autoajuda. fotos antigas que só revelam saudade num enquadramento ruim. "tudo vai ficar bem. não há mal que dure para sempre". o cheiro do café coado na hora. o bolo de fubá sempre queimado na borda. e o cheiro de afeto que invadia a cozinha toda vez que a vida ficava pesada. a poltrona rasgada do papai. a garrafa de pinga sempre vazia. "tudo tem um propósito", gritava o pastor. a flor seca na varanda, que ninguém regou. numa tarde de outono, você apareceu tentando dizer algo. sua voz não saía. tentei, em vão, ler seus lábios. mas seu rosto estava embaçado demais. meu coração apertado sem saber se tudo aquilo era sonho ou realidade ainda se pergunta: o que a mulher sem rosto queria tanto me dizer?

encarar o fracasso e a insatisfação

é o primeiro passo para uma nova vida

existem aprendizados em nossas cicatrizes

não temos por que esconder nossas marcas

- você ainda dói bastante.

todo mundo só falava do circo que tinha chegado à cidade. eles ocuparam aquele espaço no centro que costumava ter aquelas feiras de agropecuária, lembra? eu juntei todo dinheiro que podia para conseguir ver o espetáculo. na noite de estreia, lembro que o dinheiro só dava para a pipoca sem o refrigerante. tudo bem. eu queria mesmo era saber como seria viver em um circo. na minha mais doce imaginação pensava que você não tinha morrido, mas que tinha cansado da vida de dona de casa e havia fugido com o circo. que era como aquela moça bonita, com penas na cabeça, que entrou sentada em um elefante. eu não ficaria triste se tivesse sido a sua escolha. naquela noite de estreia, vi palhaços, acrobacias, tigres, mulher barbada, menos você. na saída, enquanto meu irmão procurava o banheiro, perguntei para alguém da trupe se poderia fugir com eles. o senhor sorriu, dizendo que eu não teria idade para isso. respondi que não tinha medo de trabalho e que, com um certo esforço, poderia ser um palhaço bom, porque diziam que eu era engraçado. a verdade é que naquela época, sem você por perto, eu não queria estar perto de mim.

hoje, em homenagem ao dia das mães, a professora pediu para que a gente escrevesse sobre nossas mães. fiquei tão sentimental e angustiado. pensei em tantas possíveis mães. imaginei histórias e mais histórias em minha cabeça. todo ano é mesma coisa. vai chegando o dia das mães e meu coração parece ficar em pedaços. lá em casa, a gente já nem mais fala de você. acho que sua partida transformou para sempre aquela casa. tudo agora é silêncio. eu tento entender papai, imaginando como seria perder um grande amor. fico triste porque nem eu e nem meu irmão pudemos ser seu doador. éramos tão pequenos na época. mas doaria meu coração se fosse possível. neste dia das mães resolvi falar sobre você. sobre a falta que você me faz. quando chegou a minha vez de responder, em voz alta, quem era a minha mãe, só pude responder:

saudade!

foi tão estranho receber aquele prêmio, ser aplaudido por tanta gente e não te ver ali. sempre achei que sentiria mais a sua falta em momentos difíceis e tristes. mas sabe que sinto muito mais em momentos felizes? como da primeira vez que vi NY do alto. aquele momento foi tão especial. você sabe que sempre amei aqueles filmes das tardes. quando o avião se preparava para pousar e vi aquele mar de prédios, meu coração parecia saltar pela boca. eu queria poder te ligar para contar. como naquele dia do prêmio de melhor redação. queria alguém que sentisse orgulho.

quando te abracei

você parecia se quebrar

era a primeira vez

em vinte anos

que te abraçava

seu corpo já cansado

teimava em não aguentar

o meu abraço apertado

parecia te aconchegar

eu também estava quebrado

não posso negar

mas aquele abraço

me deu forças para continuar.

a gente é feito de sonhos, você me disse uma vez. e, toda vez, que a realidade se torna impossível, sonhar me abre um mundo novo de possibilidades.

- obrigado por tanto.

às vezes estou andando pela rua e um raio de sol ilumina meu rosto. sinto vontade de chorar. um segundo depois, tudo passa. uma tristeza passageira de não saber como ou por quê. às vezes não passa. choro sem medo. sem amarras. você me ensinou que sentir-se triste é importante. de que a tristeza é para ser sentida. e que faz bem.

oi mãe,

hoje enquanto preparava o café me peguei pensando em você. acho que toda vez que a água esquenta no fogão e aquele cheirinho invade a casa sinto saudades das conversas que não tivemos e do seu abraço que já nem lembro mais. é estranho sentir saudade de algo que nem consigo lembrar, mas pensar nisso me reconforta. hoje acordei bem cedo para tentar ter uma vida saudável. sim, eu sei que não se cria um hábito de um dia para o outro, mas fiquei pensando que aproveito pouco a cidade. acordei antes do dia nascer e fui caminhando pelo minhocão. aqui em sp tem esse viaduto que parece um parque. ele tem 3,5 km de extensão e as pessoas costumam fazer exercícios e passear com seus cachorrinhos. como aquele de ny que te mostrei outro dia na revista, lembra? fiquei olhando a cidade, ali da minha pequenez, enquanto caminhava lentamente. ainda não consigo correr, mas acho que em duas semanas ou mais eu consiga. fiquei passando pelas janelas dos prédios antigos e pensando nas pessoas que moram ali. será que aquela moça pendurando as roupas no varal também tem pendurado os sonhos? aquele senhor, com um ar cansado, sentado na varanda, sente falta de alguém? aquela mulher, regando suas plantinhas, que parece apressada para viver o dia a dia, será que ela está vivendo ou apenas sobrevivendo como a maioria de nós? fiquei pensando em tantas coisas enquanto o sol nascia bem diante dos meus olhos. na esperança de cada dia e nos medos que tenho a cada amanhecer. o café quentinho sobre a mesa me lembra tanto de ti.

- e se eu não conseguir viver sem você?

- você chora, respira e segue!

alô mãe, sei que está tarde, mas não queria deixar para depois. hoje ele finalmente pegou na minha mão. eu senti algo totalmente diferente quando peguei na mão de uma garota. será que isso é "normal"? estávamos com os amigos da escola naquele parque que abriu ali na entrada da cidade. confesso que estava com medo pois todos queriam ir à montanha-russa e à roda-gigante. eu tenho medo desses brinquedos velhos, pois não sinto muita segurança. era a minha primeira vez numa roda-gigante. quando estava lá em cima, de onde dava para ver a cidade toda, ele encostou os dedinhos nos meus. aquilo encheu meu coração de alegria. acho que sou mesmo diferente, como disse outro dia meu tio. tudo bem para você? quer dizer, você ainda vai gostar de mim?

sabe, mãe. lembro como se fosse ontem da angústia e ansiedade de passar dos 30 anos sem a menor ideia do que fazer da vida. numa era de tantas certezas estampadas diariamente nas redes sociais, é um tanto desanimador sentir-se perdido. você olha a vida do outro e sente que só a sua estagnou. com o tempo, você percebe que a felicidade exacerbada, com filtros coloridos, não passa de ficção. mas isso demora um pouco para que se tenha claro. você também percebe que angústias e tristezas fazem parte, assim como os momentos em que você vai querer guardar para sempre (como os nossos, que guardo na caixinha do meu coração). se pudesse voltar no tempo e reencontrar aquele garotinho que passava horas escrevendo no caderno e via da janela do quarto a vida que queria ter, eu diria:

você vai passar boa parte do tempo pensando no futuro, mas as melhores coisas só irão acontecer quando você relaxar e viver o agora.

durante um bom tempo você vai achar que algumas coisas são importantes, quando na verdade não são.

**suas escolhas
determinarão
o futuro, mas
sempre haverá
um motivo para
recomeçar.**

**o futuro
que você vê
iluminado
num grande
outdoor é só
criação da sua
imaginação.**

**haverá, no
caminho,
encontros
com pessoas
especiais,
mais do que
a maioria
encontra;
talvez uma
maneira do
universo se
desculpar pôr
tê-la levado
tão cedo.**

não hesite em pedir ajuda, em alguns momentos você realmente irá precisar.

seus sonhos,
uma parte deles,
irão se realizar.
mas vai demorar
mais do que
de costume.
como dizem:
“o impossível
só demora um
pouco mais”.

chegará um momento em que você vai achar que não tem nada, mas se olhar atentamente perceberá que tem tudo!

**você, que um dia
já quis partir antes
do tempo, vai
perceber, num dia
de chuva, que quer
viver mais 100 anos.**

eu estava tão feliz aquele dia. tinha convidado uma amiga para me acompanhar na entrada da festa. estava com uma calça social preta e uma camisa de linho branca. daquelas que você costuma apontar nas lojas e dizer que era coisa de gente fina, sabe? naquele ano, tinha recebido algumas honrarias: melhor aluno de matemática, quem diria? nunca fui tão bom assim com os números, mas tinha uma professora, uma grande tutora, que me acolheu e me desenvolvi. lembra aquela vez que voltei da padaria com o troco todo errado e você me fez voltar pra lá correndo? também venci a melhor redação das escolas públicas: *a pequena ausência*. o texto fala de você. da falta que você me faz. espero que você também sinta a minha falta. entrei naquele salão, peguei o diploma com um sorriso tímido, acenei para a plateia, como se você de alguma forma estivesse ali para me ver. de certo modo você estava. eu sei que sim.

papai chegava balançando as chaves para anunciar sua entrada. uma. duas. três. quatro tentativas de acertar a chave na fechadura. aquela porta fazia um barulho estranho. seus passos cambaleando de um lado para o outro chegavam até a geladeira. abria, bebia água e mesmo eu sabendo que bateria com toda força, não conseguia disfarçar o susto. ele dava um jeito de me assustar. de demonstrar quem mandava em tudo. eu fechava os olhos, pensava num lugar bom, era sempre no topo de uma árvore. de lá eu conseguia ver o rio. imaginava como seria criar um barco de papel, fugir para bem longe dali e te encontrar.

em alguns momentos sinto uma saudade que não cabe no peito. é só sentir o cheiro de um café feito na hora que pareço ver meu pai entrando no quarto e dizendo que "acabou de passar um café e que iria comprar um pãozinho francês". era o jeito dele de dizer "eu te amo". nossa relação nunca foi um exemplo, você sabe disso, mas nas entrelinhas tínhamos nosso jeito de dizer "que bom que não estamos tão sozinhos". e toda vez, onde quer que esteja, que sinto o cheiro de um café feito na hora, lembro daquele senhor com olhos cansados e bom coração. o cheiro das coisas que tocam o coração e enche a vida de esperança.

tem dias em que sou só remar. tem dias em que estou como o trecho desta carta de caio f. [olha, eu sei que o barco tá furado e sei que você também sabe, mas queria te dizer pra não parar de remar, porque te ver remando me dá vontade de não querer parar também...]. isso me lembra tanto você. tenho certeza de que você me diria algo bonito assím.

quando você vivencia verdadeiramente o perdão, algo acontece. parece que um elefante salta dos seus ombros. você sente vontade de voar. ainda que com os pés no chão. é um processo intenso de cura. para alguns leva um tempo. para outros, uma vida, ou outra vida. cada um tem sua própria história. cada um sabe onde esconde o elefante. mas se você tiver a oportunidade de dar o primeiro passo, não hesite. parece mágica, mas é humano. é impossível apagar as folhas manchadas de caneta, mas temos outras tantas folhas em branco para preencher com boas histórias. só queria que você soubesse que eu e papai já nos entendemos, em um dia feliz de outono.

amar é saber faltar.

- e eu te amo!

quando é que para de doer? perguntei para o meu irmão na manhã seguinte a sua partida. era tão estranho me sentir sozinho naquele dia ensolarado com o céu tão azulzinho. o dia estava bonito lá fora, mas dentro tão triste. papai na cozinha fervia a água para o café. ele aumentava o rádio de tempos em tempos pra gente não ouvir o seu choro. o choro se misturava com a voz do cartola. "deixe-me ir, preciso andar, vou por aí a procurar, rir pra não chorar". quando é que para de doer? "depois de amanhã", ele mentiu, sorrindo. certeza que passa.

Você me ensinou

que a vida

é incompletude!

- e aprendi direitinho

mãe, um pouco antes de voltar para o interior, depois de anos sem visitar, escrevi este textinho. gostaria que você lesse. não precisa dizer nada. é mais sobre o sentir.

ele não sabia como contar a todos que não era mais o mesmo. eles não irão entender, pensava enquanto comprava a passagem de volta para sua cidade natal. quase podia ouvir seu coração acelerado, dilacerado, que teimava em anunciar o pior. ele partiu no meio de um vendaval de emoções. eles nunca foram o que ele esperava, mas quem é exatamente o que se espera? e ele não sabia o que esperar. a viagem era longa e sabia que poderia dormir, ler um livro, tentar se distrair, mas nada podia calar a voz que teimava em falar, ansioso para rever todos e saber como eles o viam após tantos anos. as paisagens dos prédios ficavam para trás e algo novo se abria a sua frente, sem que ele pudesse entender. todos esperam sempre tanto. nós sempre nos cobramos muito. expectativas elevadas e sonhos desperdiçados. com ele não foi diferente. mas, no caminho de volta para casa, pensava que não havia conquistado nada. pensou no quanto queria que algumas coisas tivessem sido diferentes, olhou pela janela e sentiu um vento batendo em seu rosto. lembrou das viagens de carro para o litoral, onde costumava colocar as mãos para fora da janela e sentia uma brisa rejuvenescedora. lembrou que as tardes de domingo eram sempre silenciosas, mas sempre tinha gente por perto. que o bolo de laranja da mamãe tinha sempre gosto de queimado, mas que o suflê de maracujá era o melhor do mundo. que adorava contar sem querer os finais dos filmes e que eram os únicos da rua que penduravam chocolates na árvore de natal. por um instante sentiu falta de tudo, do que foi e do que poderia ter sido. e o sol bem à sua frente, timidamente, começava a se pôr. e a esperança parecia renascer, timidamente. ele adormeceu profundamente por alguns instantes e, ao despertar, não sabia se estava num sonho. a sensação era boa. o ônibus parou numa rodoviária pequena e todos estavam lá. a família que tanto se quebrou. eles também não sabiam o que dizer, mas estavam ali. e, no final, juntos tinham conquistado tanto, que mal cabia nas mãos.

o vazio ocupa

um espaço imenso

tão grande quanto

a falta que você me faz.

hoje, me sentei num café e comecei a prestar atenção numa conversa. a garota da mesa a minha frente estava com saudade de casa, do cachorrinho, de comer alguma coisa que não consegui entender em espanhol. seus olhos se encheram de lágrimas e ela sorriu, dizendo adeus, enquanto desconectava o que imaginei ser algum aplicativo de conversa. ela olhou para os lados para se certificar de que ninguém a observava em sua fragilidade. nos encaramos por dois ou três segundos. naquele instante, nos reconhecemos. o resto era SAUDADE!

oi, mãe. ouve quando der. li, por acaso, um texto do escritor guimarães e lembrei de você. ele diz que a felicidade só chega em horinhas de descuido. achei tão bonito isso de horinhas de descuido. daí lembrei que você sempre diz que a gente já é feliz e não sabe. é verdade.

da última vez que fui para o interior, trouxe outro caderninho cheio de anotações que cultivei durante anos. era como um diário secreto. eu adorava dizer que tudo era secreto, você lembra disso? folheando as anotações, encontrei uma listinha de coisas que me faziam feliz. minha ideia era anotar durante um ano uma série de coisas que me davam alegria. como o seu abraço apertado e o seu bolo de fubá.

andar de bicicleta até o pé sair do pedal. passar a noite conversando com um amigo. beber água bem gelada, principalmente em dias de calor. botar os pés no mar e dar uns pulinhos. ver o entardecer no bosque da princesa. aquele abraço apertado. andar na roda-gigante do parque da cidade. deitar no chão em dias de calor. cantar bem alto e empolgado minha música favorita. comer bastante chocolate. tomar banho de mangueira. sair correndo na chuva. vitamina de abacate com leite. bolo de fubá quentinho (tudo bem se der dor de barriga). revelar fotos. o cheirinho do café passado na hora. misturar farinha de milho com café com leite. só mais cinco minutos na cama. banho quentinho. desenhar no papel. cochilar à tarde com a casa limpinha. ler uma boa história. sorrir com a risada de alguém. raspar a panela de brigadeiro. escrever cartas. dar risada até a barriga doer. poder ir ao banheiro quando estiver apertado. dançar olhando no espelho. gravar fitas para amigos. o seu abraço!

mãe. hoje chegou o meu primeiro computador. demorei um ano inteiro de trabalho para conseguir comprar. eu não queria comprar a prazo nem nada. preferi juntar o dinheiro todo antes. eu estava tão feliz que nem conseguia tirar o sorriso do rosto. meu primo, que me ajudou na compra, me olhava, me achando meio bobo. mas eu estava mesmo. sei lá, nesses momentos em que vou conquistando tudo aquilo que você disse que eu conquistaria, sinto ainda mais a sua falta.

ontem, fiz a minha primeira tatuagem. estava um pouco nervoso, pois, ansioso como sou, meus pensamentos sempre vão longe e passa um monte de coisas na minha cabeça. às vezes sinto que tudo poderia ser mais leve, sabe? mas meus pensamentos sempre tentam me dominar. fiz o pequeno max, personagem do livro "onde vivem os monstros", um dos meus preferidos. é sobre um garotinho que enfrenta seus monstros. te lembra algo? encarar os medos de frente e conviver com seus monstros. saber que a vida nem sempre é como a gente espera, mas que existem momentos mágicos. lembrar que é sempre possível criar uma nova jornada. e nunca esquecer que o amor muda tudo.

você lembra quando eu disse que jamais teria um animalzinho de estimação? eu dizia que preferia estar livre e solto no mundo, sem amarras, sem essa necessidade de um bichinho, sem essa vontade de ser amado. me enganei completamente. hoje tenho uma gatinha chamada agrado. sim, como do filme do almodóvar, o tudo sobre a minha mãe. às vezes tenho essa impressão de que tudo é sobre você.

fui juntando, devagarinho, os meus caquinhos. era a minha única opção. olhava a vida dos outros e me comparava. olhava no espelho e não gostava. fui seguindo em frente, como você sempre me ensinou. hoje, consigo olhar com ternura e orgulho o que fui construindo. toda vez que estou desanimado, lembro de tudo que passei, de como foi difícil, mas bonito, construir uma casa, ao invés de muralhas. fiz tudo isso, com os meus caquinhos.

lembro daquela vez que você me levou para ver os aviões no aeroporto. a gente não ia viajar, imagina só? mal tínhamos dinheiro para jantares de aniversário. mas você fez questão de que, naquele dia, eu pudesse ver o mundo de possibilidades. você tinha medo de que as dificuldades me limitassem. mas não esqueço da gente ali, no estacionamento do aeroporto, olhando para o céu, os aviões sobre as nossas cabeças. desde então não paro de olhar pra cima. de contemplar um mundo de possibilidades.

- oi, mãe. e se as coisas não saírem como eu espero?

- você continua... o impossível só demora um pouco mais.

costumo brincar que toda vez que estou triste compro uma planta nova. a verdade é que a minha casa já parece uma floresta há bastante tempo. como dizem os americanos, uma jungle house. como dizem meus amigos, uma sucursal da amazônia. fui colecionando plantas como quem coleciona amores. como quem anseia por amor. um dia, cheguei com uma violeta. todo mundo começa com violetas. de repente, o verde foi tomando conta das paredes amarelas do meu estúdio de 38 metros quadrados. eu que sonhava tanto em morar na cidade grande, com seus prédios sinuosos, sua arquitetura deslumbrante, fui tratando de trazer elementos que me lembrem daquilo que fui. e, certamente, eu só fui feliz com você.

às vezes estou em uma festa, em uma roda de amigos e me bate uma tristeza. eu penso em ir embora, voltar pra casa e ficar ali, junto do meu silêncio, tentando sobreviver a mais um dia. mas tenho me esforçado pra ficar. tentado interagir mais, não fugir no primeiro sinal de desespero. é como se estivesse feliz dançando uma música que eu gosto e, de repente, a música parasse, sabe? acho que sempre vou carregar essa minha tristeza e esse seu vazio. tenho aprendido a lidar melhor. tenho tentado dançar mesmo quando a música arranha na vitrola. mesmo quando tudo se faz vazio.

sempre tive muita dificuldade pra chorar. acho que com a sua morte, o ter de lidar com a vida prática tão cedo, absorvi a ideia de que não poderia me render a tristeza com facilidade, em qualquer que fosse a situação. fui vivendo assim, carregando um peso nos ombros, que só mais tarde percebi que não precisava. isso de chorar no banho nunca foi uma opção pra mim. de colocar uma música triste e chorar sem amarras. de aproveitar uma cena triste de um filme para chorar com a minha tristeza. precisava urgentemente mudar aquela realidade em que estava, e chorar, não era uma opção. não acho que seja nenhum herói por conseguir dar "a volta por cima" como já ouvi tantas vezes de amigos e conhecido. a vida não é só conseguir um bom emprego e pagar as contas. muito embora, eu sei, e como sei, que ter o básico já ajuda bastante. me peguei chorando mesmo quando tinha conquistado alguns dos meus objetivos profissionais, como se fossem o grande propósito da minha vida. bobagem. mas quando tudo deu certo, desabei. e, agora? o que vem depois? novos objetivos e metas na tentativa tola de ignorar o que sinto? foi então que tudo que eu percebi que era importante, definitivamente, não era.

eu sonhava direto que um gigante me perseguia pela cidade. era sempre tão real. aquele meu olhar amedrontado, correndo com todas as forças e o gigante atrás de mim. quando não tinha mais jeito, era certo que ele ia me alcançar, eu fechava os olhos e acordava. você me disse que era o diabo querendo a minha alma. não deixa de ser, existem muitos demônios por aí. e, mãe, aquele era o maior de todos. eu fugia do medo de ser quem sou. hoje não mais.

dia desses, sonhei que no *vai e vem da vida*, sentia que voava para bem longe daquele escritório que eu já não suportava mais. as pessoas corriam atrás de mim com planilhas, contratos, demandas, sem que pudessem me alcançar. eu gritava bem alto:

estou voando! estou voando!

eles, pediam para que eu descesse depressa, que a reunião já estava por começar, mas eu já não conseguia mais ouvir. voei alto. voei tanto. e esse esvoaçar me fez parar em uma praia deserta, daquelas com o chão quentinho e o mar azul. foi então que te vi, com o seu maiô vermelho, com sua canga amarrada na cintura e aquele seu olhar aliviado, de estar mais uma vez perto do mar.

chamei uma, duas, três vezes. você não me ouviu. deixou a canga na areia e caiu no mar. continuei chamando e nada. de repente, você foi ficando cada vez mais pequenininha até desaparecer na imensidão.

- você sempre me disse que o mar cura.

tem dias em que me sinto tão quebrado. como se fosse impossível continuar. como se não houvesse razões para continuar. acho que fui construindo minha trajetória com um alicerce em coisas que já não fazem mais sentido pra mim. sabe quando você sente que precisa dar uma guinada na vida? mudar o rumo da sua história? eu tenho isso às vezes. de querer viver outra vida. de imaginar como seria se tivesse feito escolhas diferentes das que fiz. em muitos momentos me peguei inventado *futuros* pra você. hoje mal consigo imaginar os meus. eu sei que o *futuro* não existe, mas tem sido cada vez mais difícil viver o *hoje*. precisava tanto que o seu abraço não fosse *passado*.

você dizia que café com farinha de milho era o melhor café da manhã do mundo. que amava o sabor, a textura na caneca, o cheirinho que a mistura tinha. dizia que famílias ricas faziam assim de manhã. quando eu dizia que achava que era com cereal, você sorria e dizia que "não, isso é coisa pra tevê". eu tomava pra te agradar, não gostava nada daquilo. fui aprendendo a gostar. fui entendendo que aquilo era amor. você também não gostava, soube depois. só queria que eu conseguisse chegar até o horário da merenda da escola, sem que ouvisse mais a voz do meu estomago do que a do professor. você me salvou tantas vezes. até mesmo com um simples café.

aqui em casa já não tem mais tevê. fui deixando de acompanhar as notícias com o passar dos anos. mas, com as redes sociais, é quase impossível não acompanhar. não que eu queira ser um *alecrim dourado*, sem me deparar com problemas. mas lembra que a gente amava aqueles programas policiais? Isso eu não vejo mais. não faz bem. desde que você partiu eu sinto que o mundo piorou. você tinha prometido que tudo ficaria bem. mas eu sei que você não tinha como prometer isso. guerra, violência, atentado, vírus, fome... às vezes acho que não tem mais solução. que o único jeito é se alienar um pouco, pensar mais em si e seguir. mas não consigo. mesmo fugindo de notícias ruins. mesmo tentando não pensar no outro. foi você que me ensinou a ter esperança. e, por benção ou maldição, não consigo deixar de ter esperança em dias melhores.

desde que decidi escrever sobre você meu corpo parece colapsar. primeiro tive uma crise de pânico que mais parecia um infarto. depois, algumas alergias, cansaço, febre, dores pelo corpo. eu sabia que era emocional, sabia que não seria tão fácil escrever sobre a gente. tem coisas que só saem por escrito, não é mesmo? a escrita desses pequenos textos foi a minha salvação nestes últimos meses. eu não queria te esquecer e este livro não é uma despedida. mas agora consigo olhar com afeto e ternura para aquele garoto que só queria um último abraço apertado. consigo entender os porquês de cada um dos envolvidos. papai, que tão cedo perdeu um amor. meu irmão, que virou adulto ainda criança. acho que fui guardando tudo isso ao longo dos anos com diversas desculpas: agora não posso lidar, tenho que terminar os estudos. agora também não posso, pois logo tem o vestibular..., mas uma hora a gente tem que encarar de frente. para deixar a vida mais leve. ou menos pesada.

te amo para sempre!

registre aqui as suas ausências. guarde esse pequeno livro em algum lugar esquecido.

espero que daqui alguns anos, você possa retornar a ele, e olhar com outros olhos aquilo que te falta.

Fontes Poppins e *Wreath*
Impresso em julho de 2024

Impresso na Plenaprint